môn

YR YNYS HARDD
– BEAUTIFUL ISLAND

Lluniau gan J.C. Davies
Geiriau gan Margaret Hughes

Photographs by J.C. Davies
Text by Margaret Hughes

Argraffiad cyntaf: 2006

ⓗ Lluniau: J. C. Davies 2006

ⓗ Testun: Margaret Hughes 2006

Rhif Llyfr Safonol Rhyngwladol:
1-84527-095-9

Cyhoeddwyd gan Wasg Carreg Gwalch,
12 Iard yr Orsaf, Llanrwst, Dyffryn Conwy, LL26 0EH.
☎ 01492 642031
🖷 01492 641502
✉ llyfrau@carreg-gwalch.co.uk
Lle ar y we: www.carreg-gwalch.co.uk

First published: 2006

© Photographs: J. C. Davies 2006

© Text: Margaret Hughes 2006

ISBN:
1-84527-095-9

Published by
Gwasg Carreg Gwalch, 12 Iard yr Orsaf, Llanrwst, Wales LL26 0EH.
☎ 01492 642031
🖷 01492 641502
✉ books@carreg-gwalch.co.uk
Internet: www.carreg-gwalch.co.uk

Ffotograffydd proffesiynol fu J. C. Davies am y rhan fwyaf o'i yrfa, gan fod â rhan mewn cyhoeddi tair cyfrol ar Gaergybi ond y gyfrol hon, *Môn Yr Ynys Hardd – Beautiful Island*, sydd agosaf at ei galon o ddigon: tynnu lluniau o dirwedd Môn.

Newyddiadurwr yw Margaret Hughes, awdur y testun, ac awdur nifer o lyfrau ar Ynys Môn ar gyfer Gwasg Carreg Gwalch. Mae hefyd yn cyfrannu i'r wasg leol. Yn y gorffennol bu'n ymwneud â thestunau ar gyfer hysbysebion a newyddiaduriaeth radio a phapur newydd.

J. C. Davies, a professional photographer for most of his working life, has been involved in publishing three books on Holyhead but this book Môn Yr Ynys Hardd – Beautiful Island, is, by far, closer to what he prefers to do: photographing the landscape of Anglesey.

Margaret Hughes, who has written the text, is a freelance journalist and author of several books on Anglesey in the Gwasg Carreg Gwalch series. She also contributes to the local journal press. Her past experience includes advertisement copywriting, newspaper and radio journalism.

cyflwyniad

Nid yw'n anodd dod ar draws lluniau hardd o Ynys Môn – maent i'w cael yn frith ar gardiau post ac ar y llyfrynnau lliwgar sy'n adlewyrchu prif atyniadau'r ynys. Maent yn dangos Môn fel y'i gwelir gan y diwydiant ymwelwyr. Ond ymhle mae gwir ysbryd yr ynys i'w ganfod?

Mae'r ffotograffydd J.C. Davies wedi byw ym Môn ers dros ddeugain mlynedd, ac wedi dod i adnabod yr ynys yn dda. Mae'i gamera wedi dal ysbryd Môn ym mhob tymer ac ym mhob tymor. Nid y canolfannau gwyliau prysur sy'n dal ei lygad, na'r traeth dan haul poeth canol haf. Y môr, a'r broydd distaw wedi'u trwytho mewn chwedl a hanes – dyna ei Fôn ef.

Daliodd lens ei gamera yr ynys yng ngolau'r wawr ac yn yr hwyrnos, pan fydd y tir a'r môr yn perthyn i natur, pan fydd y torfeydd wedi dianc o'i hoff lefydd a phan fydd hi'n ymddangos nad oedd yr hen oesau ond awr neu ddwy yn ôl.

Dyna pryd mae Ynys Môn yn arddangos ei hysblander iddo. Dewisodd fynd â ni i'w ynys arbennig – mwynhewch y daith.

introduction

Attractive pictures of Anglesey abound, on the postcards sent home by visitors, and in the colourful brochures reflecting the island's many delights. They show the Anglesey of the tourist. But where can the true spirit of the island be found?

Photographer J.C. Davies has lived in Anglesey for forty years. He has come to know the island intimately. His camera has caught the spirit of Anglesey in all its many moods. Not for him the busy holiday centres, nor a sun-drenched beach at the height of summer. The sea and the quiet countryside, steeped in legend and history, are his Anglesey.

His camera lens has captured the island in the calm of first light and at sunset when land and sea belong to nature and the crowds have dispersed from his favourite places.

That is when, he believes, Anglesey comes into its own. This is an eclectic view which he has chosen to share with us.

Machlud haul yn lliwio'r môr a'r wybren yn Llanddwyn. Mae'r groes syml yn coffáu Santes Dwynwen – santes cariadon y Cymry – ar y safle lle dywed traddodiad iddi sefydlu ei chell yn y 5ed ganrif, yn dilyn siom wrth garu. Mae goleudy Llanddwyn yn edrych draw dros Fae Caernarfon.

The setting sun tinges sea and sky at Llanddwyn. The simple cross commemorates Saint Dwynwen, on the site where she is said to have founded her cell after a broken love affair in the 5th century. Llanddwyn lighthouse looks out over Caernarfon Bay.

Adfeilion eglwys gynnar Llanddwyn, yn fframio'r groes a godwyd yn 1897.

The ruins of an early church at Llanddwyn frame the cross, erected in 1897.

Golau'r haul yn cynhesu adfeilion eglwys Santes Dwynwen. Yn ystod teyrnasiad Harri'r VIII, hon oedd un o eglwysi mwyaf cyfoethog esgobaeth Bangor. Defnyddiwyd cerrig o'r adfeilion i adeiladu un o oleudai Llanddwyn.

Sunlight warms the ruins of Saint Dwynwen's church. By the time Henry VIII came to the throne, this was one of the richest churches in the Bangor diocese. Stones from the ruins were later used to build one of the Llanddwyn lighthouses.

Trwyn Ffynnon y Sais – creigiau yn y môr sy'n torri cryfder y llanw wrth iddo daro congl dde-orllewinol Môn. Mae sawl rhes o greigiau fel hyn ar yr arfordir gorllewinol, sydd wedi bod yn berygl i longau hwylio bregus mewn stormydd. Gorwedd nifer o longddrylliadau ar wely'r môr yn y fan hon.

Trwyn Ffynnon y Sais is a reef of rocks breaking the force of tidal water as it beats against the south-western tip of Anglesey. This coast has many such splintered outcrops which have proved hazardous to vulnerable inshore sailing vessels during storms. Many wrecks scatter the seabed in the region.

Un o ddau oleudy Ynys Llanddwyn, a'i olau yn arwain llongau sy'n ceisio mynd i Afon Menai o Fae Caernarfon. Mae'r fynedfa yma, i'r de o'r goleudy, yn gul a'r ceryntoedd yn beryglus. Rhaid amseru'r llanw yn ofalus.

Llanddwyn lighthouse, one of two navigational aids whose light guides vessels entering the Menai Strait from Caernarfon Bay. Entrance to the Strait, south of the lighthouse, is narrow and strong currents are dangerous. Timing the tides is crucial.

Moroedd garw yn taro Ynys y Cranc ac Ynys y Mochyn. Aeth y stori y tu ôl i enw Ynys y Cranc yn angof – ond tybed ai ei siâp sy'n gyfrifol amdano. Yn ystod cyfnod y llongau hwylio, gadawodd y *Monk* Borth Dinllaen am Lerpwl gyda llwyth o foch. Fe'i drylliwyd mewn tywydd garw. Suddodd y llong a boddodd y moch i gyd yn ymyl yr ynys fechan hon, a dyna'r esboniad ar ei henw.

Stormy seas pound Ynys y Cranc and Ynys y Mochyn. How Ynys y Cranc (Crab Island) was named is a mystery, unless it refers to its shape. During the days of sail a ship, the Monk, *left Porth Dinllaen for Liverpool carrying a cargo of pigs. She was wrecked near the island where her cargo drowned, and this tragedy gave the small islet, Ynys y Mochyn, its name.*

Cymylau yn cyffwrdd â chopâu'r Eifl, mynyddoedd uchaf Llŷn, gan greu cefndir dramatig i Fae Caernarfon o Landdwyn.
Mae'r llanw'n cilio i ddatguddio twmpathau tywod a chreigiau ar hyd y traeth.

*Clouds tip the peaks of Yr Eifl (the Rivals), the three high mountains of Llŷn, making a dramatic background to Caernarfon
Bay as seen from Llanddwyn. A receding tide discloses sand bars and rocks along the shore.*

Copâu'r Eifl eto, yn sefyll yn blaen ac yn finiog o flaen cochni'r machlud yn y gaeaf a chryman o leuad uwchlaw traeth distaw. Diflannodd y twristiaid sy'n tyrru i draeth Llanddwyn yn ystod y dydd, a'i adael i natur dros dro.

The same three peaks of Yr Eifl stand out sharply against the red sky of a winter sunset, while a sickle moon rides high above the quiet shore. The summer visitors who crowd Llanddwyn beach during the day have long since left it to nature.

Y traeth yn y Ro Bach, Llanddwyn, gyda niwl y wawr yn meddalu llinell arfordir Llŷn.
The beach at Ro Bach, Llanddwyn, as the dawn mist lingers and softens the line of the Llŷn coast.

Plant yn rhedeg i lawr i'r môr, heb wybod am yr hanes trist a roddodd yr enw i Ynys y Mochyn gerllaw.
Two children race down to the sea, unaware of the tragedy which gave Ynys y Mochyn its name.

Mae gan nofwraig ben bore Fae y Peilotiaid iddi hi'i hun.
An early morning swimmer has Pilots' Cove to herself.

Mae cwmwl du dros y Ro Fawr, Llanddwyn yn cyferbynnu ag awyr ysgafnach dros arfordir Llŷn, gan godi'r Eifl yn gysgod clir yn erbyn wybren oleuach.

The edge of brooding cloud over the sea at Ro Fawr, Llanddwyn, leaves a clearer sky over the Llŷn coast, etching Yr Eifl against the lighter sky.

Eira'r gaeaf ar fynyddoedd Eryri. Daw awyr glir â thref Caernarfon yn agos at Abermenai, y gorynys tywodlyd sy'n nodi'r fynedfa i Afon Menai.

Winter snow powders the high mountain tops of Eryri. Clear air brings the town of Caernarfon into focus from Abermenai, the dunes peninsula which marks the entrance to the Menai Strait.

O lannau Abermenai mae goleuadau y Bontnewydd a Rhosgadfan yn pefrio dros y tonnau.

From the seaward side of Abermenai evening lights of Bontnewydd and Rhosgadfan twinkle across the sea.

Mor wahanol yw'r un olygfa yn y bore.

How different the scene in the morning.

Ynys y Clochydd gyda barrug gaeafol dros y tir.

Ynys y Clochydd (Sexton's island) with winter frost on the ground.

Goleudy 'pot pupur' Llanddwyn gyda Bythynnod y Peilotiaid ar y chwith. Mae amgueddfa yma heddiw, ond ar un adeg roeddent yn gartrefi i deuluoedd y peilotiaid oedd yn arwain llongau drwy'r culfor i harbwr Caernarfon. Mae'r goleudy o dan reolaeth Ymddiriedolaeth Harbwr Caernarfon.

The 'pepper-pot' lighthouse at Llanddwyn with a glimpse of the one-time Pilots' Cottages to the left. Now a museum, the cottages were once occupied by the families of pilots who guided vessels in and out of the treacherous entrance to the Menai Strait. The lighthouse is operated by the Caernarfon Harbour Trust.

Mae twyni Llanddwyn a Niwbwrch yn nodedig am eu hamrywiaeth o flodau gwyllt. Mae'r lluniau hyn yn dangos tri chyfnod ym mywyd Pig yr Aran Ruddgoch wrth iddo agor ei betalau i heulwen diwrnod arall.
Llanddwyn and Newborough dunes are famed for the variety of their wild flowers. Pictured are three stages in the life of the Bloody Cranesbill as it opens its petals to a new day.

O'i wylfa uwchben Bae'r Peilotiaid, Llanddwyn, mae'r ffotograffydd yn dilyn yr haul gaeafol yn machlud ar draws Bae Caernarfon.

From his vantage point above Pilots' Cove, Llanddwyn, the photographer watches the winter sun set across Caernarfon Bay.

Yn niwl y bore mae'r ebolion yn croesawu golau dydd, a chyfle arall i bori Cwningar Niwbwrch, lle maent yn gymorth i reoli'r tyfiant gwyllt.

Against the majesty of Eryri in early morning mist, ponies welcome a new day to graze on Newborough Warren, where they help to control the vegetation.

Mae natur fregus Cwningar Niwbwrch yn galw am gydweithrediad rhwng y cymdeithasau cadwraeth i gadw cydbwysedd rhwng sefydlogi a gor-sefydlogi a fuasai'n peryglu cyfoeth natur.
(Llun bach, chwith) Cwningen yn ymddangos yn sydyn.
(Llun bach, dde) Gwyddau Greylag yn cerdded drwy'r dŵr yn un o amryfal rannau gwlyb y Gwningar.
(Canol) Pansi gwyllt a thegeirian brith.
(Lluniau mawr) Dail y gwanwyn a dail yr hydref yn y fforest, lle mae'r coed yn ceisio sefydlogi twmpathau tywod, a hefyd yn rhoi ychydig o liw a chysgod iddynt.

The sensitive natural area of Newborough Warren calls for co-operation between various conservation bodies to maintain the fine line between stabilisation and over-stabilisation, which might destroy a natural treasure.
(Left inset) A rabbit makes a brief appearance.
(Right inset) Greylag geese wade in one of the Warren's many slacks.
(Centre) Wild pansies and spotted orchids among the flora.
(Larger photos) Spring and autumn foliage in the forest helps to stabilise the dunes and also give shade and colour.

Mae'r llysieuydd craff yn dod o hyd i chwynynnen rwymo y môr sydd i'w chanfod yn y tyfiant cwta ar Ynys Llanddwyn, gyda'i blodau pinc hardd yn atyniad ychwanegol at ddylanwad y planhigyn yn sefydlogi'r pridd.

Keen botanists find the rare Sea Bindweed growing in the cropped vegetation of Ynys Llanddwyn, its pretty pink flower an added attraction to the plant's stabilising influence.

Ar ddechrau'r haf mae'r haul, wrth godi, yn taflu'i olau ar groes Santes Dwynwen.

The rising sun etches Saint Dwynwen's cross in early summer.

Golau'r wawr yn Llanddwyn, yn disgleirio ar groes Santes Dwynwen, y goleudy gwyn a'r bythynnod ar draws y twmpathau tywod.

Dawn light at Llanddwyn focuses on Saint Dwynwen's cross and picks out the white lighthouse and the cottages across the dunes.

Drama natur wrth i fachlud Rhagfyr greu lliw yn yr wybren uwchben Traeth Niwbwrch.

Nature's drama, as a December sunset brings colour to the sky above Traeth Niwbwrch (Newborough Beach).

Coron machlud haul gaeafol y tu ôl i eglwys Cwyfan Sant. Mae'r eglwys ar ynys fechan, ac ni ellir cyrraedd ati ond drwy groesi sarn pan fydd y llanw'n isel. Flynyddoedd yn ôl, câi'r offeiriad, ar ôl y gwasanaeth boreol, 'wair i'w geffyl, dau ŵy i'w frecwast, torth geiniog a hanner peint o gwrw' gan deulu Plas Llangwyfan.

Saint Cwyfan's church etched against the setting sun in winter. The church can only be reached over a causeway at low tide. In days gone by the officiating priest could claim 'hay for his horse, two eggs for his breakfast, a penny loaf and half a pint of small beer' from Plas Llangwyfan, the nearby farm.

Glöyn byw glas yn disgyn am eiliad ar laswellt comin Aberffraw.

A common blue butterfly alights briefly on grass at Aberffraw common.

Unigolyn yn wynebu'r tywydd, gyda môr stormus yn taro Traeth Mawr, Aberffraw. Dyma'r math o dywydd a achosodd gymaint o longddrylliadau ar hyd yr arfordir hwn yn ystod dyddiau'r llongau hwylio.

A lone figure braves the elements as breakers pound the shore at Traeth Mawr, Aberffraw, so typical of the severe weather which accounted for so many shipwrecks along this coast in days of sail.

Tonnau bychain yn torri'n ddistaw ar Draeth Mawr, Aberffraw. Mae wybren glir yn torri mynyddoedd Llŷn â chyllell ar y gorwel.

Gentle waves lap the shore at Traeth Mawr, Aberffraw. Clear skies allow the faraway hills of Llŷn to shape the horizon.

Ehangder helaeth Traeth Mawr, Aberffraw. Pan fydd y llanw'n cilio a'r dŵr yn llonyddu, mae Afon Ffraw yn torri llwybr cul drwy'r tywod ar ei ffordd i Fôr Iwerddon.

The vast expanse of Traeth Mawr, Aberffraw. At ebb tide and slack water the sands are bisected by the river Ffraw as it winds its way to the Irish Sea.

Mae'r rhosyn Burnet, sy'n tyfu'n isel, yn goleuo'r llwybr.

The low-growing Burnet rose lights the way.

Gwenynen yn ymweld â rhosyn Burnet, un o'r blodau hardd yn nhwyni Aberffraw.

A bee visits the Burnet rose, one of the attractive flowers in the dunes at Aberffraw.

Cynhesrwydd machlud haul gaeafol yn lliwio'r awyr uwchlaw Traeth Mawr, Aberffraw.

The last warmth of a setting winter sun colours the sky above Traeth Mawr, Aberffraw.

Yr un olygfa, ond golau gwahanol, yn creu awyrgylch ddirgel.

The same scene, but a different light, creates an atmosphere of mystery.

Ddoe ar un o ffermydd Môn, ceffylau gwedd yn tynnu'r aradr . . . flynyddoedd yn ddiweddarach, tractor stêm.

Yesterday on an Anglesey farm as shire horses drew the plough. Later, a steam tractor took over.

Dyma batrwm natur ar ei orau. Y glöyn byw glas, cain, yn nhwmpathau tywod Aberffraw.

Nature's design par excellence. The elegance of a common blue butterfly in the sand dunes at Aberffraw.

Mae bythynnod Malltraeth ar lan afon Cefni yn y pellter ac mae'r llanw wedi cyrraedd y Cob. Cyn adeiladu'r Cob, roedd y llanw yn llifo at Langefni gan foddi'r tir amaethyddol. Caewyd adwy'r Cob yn 1812, a hynny ar ôl helbulon gyda'r tywydd garw a ddinistriodd y sylfeini a phrinder arian i gwblhau'r gwaith. Suddwyd hen gwch o Gaernarfon a'i lenwi â rwbel cyn adeiladu gweddill y clawdd ar ei ben. Sychwyd y gors a gwnaed sianel i'r afon.

Heddiw mae defaid yn pori lle nad oedd dim byd ond corstir diffaith ar un adeg.

Cottages at Malltraeth fringe the bank of the river Cefni, and the tide has reached the Cob. Before Cob Malltraeth was built the high tide flowed inland as far as Llangefni, flooding farmland. Building the Cob had its problems – stormy weather destroyed foundations and money was scarce. But the final breach was filled in 1812 by sinking an old hulk from Caernarfon, filling it with rubble and building the embankment over it. The marsh was drained and the river channelled.

Today sheep graze on the reclaimed agricultural land.

Yr afon yn cyfarfod y môr . . . diwedd y daith i Afon Ffraw.

Where the river meets the sea – the river Ffraw at the end of its journey.

Min nos. Cefnen dywyll Garn Fadryn, Llŷn, o Aberffraw.

The dark hump of Garn Fadryn on the Llŷn shore, seen at dusk from Aberffraw.

Yr olygfa o Drwyn yr Wylan, Aberffraw, i'r de ar draws Bae Caernarfon tuag at Fynydd Rhiw ger Aberdaron, Llŷn.

The view from Trwyn yr Wylan, Aberffraw extends south over Caernarfon Bay to Mynydd y Rhiw near Aberdaron in Llŷn.

Adlewyrchiad goleuadau strydoedd Aberffraw ar Afon Ffraw wrth iddi lifo heibio.

The street lights of Aberffraw are reflected in the slow-flowing river Ffraw as it makes its way to the sea.

Creigiau, dŵr, twmpathau tywod a chymylau yn creu cyfansoddiad perffaith ger Cerrig y Defaid, Traeth Llydan, Rhosneigr.

Rock, water, dunes and cloud make a perfect composition at Cerrig y Defaid, Traeth Llydan, Rhosneigr.

Traeth Crigyll, Rhosneigr, lle perffaith i'r rhai sy'n beistoni'r gwynt.

Traeth Crigyll at Rhosneigr is the ideal venue for wind surfers who depend on the natural element to take them skimming over sand and water.

Y camera yn pwyntio i'r de o Fynydd Tŵr, Caergybi, ar draws yr harbwr a gwastadeddau Ynys Môn tuag at fynyddoedd Eryri yn y pellter. Mae lleuad niwlog yn cael ei hadlewyrchu yn y dŵr o gwmpas y pier.

At Holyhead the photographer trained his camera south from Mynydd Twˆr, across the harbour and over Anglesey to the distant mountains of Eryri, while a misty moon is reflected in the water at the end of the pier.

Cerddwr unig yn anelu at Draeth Llydan, Rhoscolyn. Mae Traeth Cymyran yr ochr draw. Yn nyddiau cynnar y llongau hwylio, agorwyd gorsaf bad achub yn Rhoscolyn yn 1830. Achubwyd nifer gan y bad, ond nid heb golledion. Mae cofeb ym mynwent yr eglwys yn adrodd yr hanes.

A lone walker makes for the beach at Traeth Llydan, Rhoscolyn. Across the sand lies Traeth Cymyran. In the days of sail Rhoscolyn had an early lifeboat station which opened in 1830. Several notable rescues were made by the crews, but not without loss of life, as a memorial in the local churchyard testifies.

Bae tawel Borth Wen, lle mae caeau distaw a phentref bach Rhoscolyn yn ymestyn i lawr i'r traeth a'r culfor hardd ar ochr dde-ddwyreiniol Ynys Cybi.

The calm bay at Borth Wen, where quiet fields and the hamlet of Rhoscolyn reach down to the sandy beach and beautiful inlet on the south-eastern tip of Holy Island.

Goleudy Ynys Lawd, yn sefyll yn ddramatig yn erbyn yr wybren dywyll a'r môr, yng ngolau cynnar diwrnod newydd.

South Stack lighthouse on Ynys Lawd, dramatic against the dark sky and sea in the first light of a new day.

Mae cwch fferi yn symud yn gyflym heibio'r graig. Goleuwyd Ynys Lawd am y tro cyntaf yn 1809. Erbyn hyn, mae'n gweithio'n otomatig o bencadlys Tŷ Trinity yn Harwich. Mae Ynys Lawd ar agor i'r cyhoedd, i'r rhai sy'n awyddus – ac yn ddigon heini – i ddringo 400 o risiau sydd wedi'u torri yn y graig gyferbyn, cyn croesi'r bont newydd at yr ynys. Ac yna, dringo'n ôl i fyny, wrth gwrs.

An Irish ferry passes close by the Stack. The lighthouse was first lit in 1809 and is now automated from the Trinity House base at Harwich. It is open to those of the public willing and able to descend the four hundred steps cut into the cliff face before crossing a new bridge across the chasm to the rocky island . . . and to make the return climb up those four hundred steps.

Codiad haul dros harbwr mewnol Caergybi, cyn dechrau ar ddiwrnod prysur arall.

Sunrise over the Inner Harbour at Holyhead before another busy day at the port begins.

Saif eglwys Cybi Sant, Caergybi, ar dir uwchben yr harbwr. Bu eglwys ar y safle hwn, y tu mewn i furiau caer Rufeinig, ers dros saith can mlynedd. Eglwys y Bedd yw'r adeilad ar y chwith, sydd wedi ei chodi, yn ôl yr honiad, ar fedd hynafol. Agorwyd Eglwys y Bedd fel ysgol gan Thomas Ellis, y gŵr a roddodd ei enw i'r ysgol gynradd yn y dref.

Saint Cybi's church, Holyhead, stands on a rise overlooking the harbour, as it has done for over seven hundred years, within the remaining walls of a Roman fort. The building on the left is Eglwys y Bedd (the Church of the Grave), reputed to have been built over an ancient grave. It was used as an early school for Holyhead children and founded by Thomas Ellis, now remembered in the name of the modern primary school in the town.

49

Tŵr Ellin, sy'n sefyll yn uchel uwch y môr ar ochr y llwybr i lawr i Ynys Lawd. Adeiladwyd y Tŵr yn 1868, fel encil i Ellin, gwraig William Owen Stanley o Benrhos. Heddiw mae'r Tŵr yn ganolfan gwylio adar, lle gall ymwelwyr wylio adar ar y creigiau gyferbyn trwy sbïenddrych yr RSPB.

Ellin's Tower stands high above the sea near the path down from Mynydd Tŵr to South Stack. The Tower was built in 1868 as a retreat for Ellin, the wife of the Hon. William Owen Stanley of Penrhos. It is now used by the RSPB as an observatory from where visitors can enjoy the study, through binoculars, of bird activity on the cliff face opposite.

Mae creigiau serth Ynys Lawd yn gartref i nifer helaeth o adar sydd i'w gweld o Dŵr Ellin. Maent yn nythu a magu rhai bach yno. Dyma wylogiaid yn nythu, a hebog ifanc yn mentro i'r byd mawr.

South Stack cliffs are home to many birds which can be viewed from Ellin's Tower as they nest and produce their young. Here, guillemots are nesting and a young peregrine ventures into the world.

Rhyfeddod y cread uwch mangre hynafol. Comed Hale-Bopp yn rhuthro drwy wybren dywyll uwch siambr gladdu Trefignath, Ynys Cybi, Ebrill 1997.

Nature meets ancient history. The Hale-Bopp comet swept across the night sky over Trefignath burial chamber on Holy Island in April 1997.

Mae'r frân goesgoch – neu frân Arthur i roi iddi enw arall – yn gwarchod ei theulu bach mewn nyth cuddiedig ar Ynys Lawd.

Yn y gwanwyn a'r haf mae blodau yn tyfu'n frith. Y garnedd felen yw un ohonynt.

A chough guards its young in a well-hidden nest at South Stack.

Flowers abound in spring and summer. The cheerful yellow ragwort is one.

Dyma fulfran wen yn rhuthro dros y môr, yn chwilio am fwyd. Mae'n cymryd pedair blynedd i fulfran wen dyfu'n oedolyn.

A gannet streaks across the sea on the look-out for food. Gannets take around four years to develop their adult plumage.

Mae blodau bach pinc y ganrhi barhaol yn cartrefu yng nglaswellt sych creigiau'r môr.

Perennial centaury's small pink flowers find a home in the dry grassy habitat of the cliffs.

Mae llawer o adar a blodau i'w gweld ar Benrhyn Mawr – gan roi pleser i'r gwybodus, ac addysg i'r anwybodus.

Birds and flowers abound on Penrhyn Mawr, delighting the knowledgable and educating the uninitiated.

Yr hebog yn bwydo'i deulu bach ar graig, heb wybod bod lens y camera arno.

The peregrine, unaware of the camera lens, feeds its young on a rock ledge.

Mae gwylwyr yn Rhoscolyn, gyda'u sbïenddrychoedd, yn gweld adar ar greigiau serth y môr. Yma mae hebog, mulfran werdd a gwylan y penwaig yn dod â bwyd i'w teuluoedd.

The observer with binoculars at Rhoscolyn has a grandstand view of birds on the cliffs. Here a peregrine, a shag, and a herring gull undertake a delivery service for their families.

Yr wylan gefnddu fwyaf yn ehedeg yn uchel uwch y tonnau yn chwilio am bysgod, wedyn yn gorffwys i alw ar ei chymar. Mae clustog Fair binc yn tyfu'n hapus rhwng y creigiau.

A great black-backed gull soars over the waves in search of food, then rests to call his mate. Pink thrift grows between the rocks, a cheerful sight here as it is on the many cliff tops around Anglesey.

Bad achub Caergybi, allan ar alwad, ger Ynys Lawd. Mae'r badau achub mewn sawl gorsaf ar Ynys Môn wedi achub cannoedd o fywydau ar y môr ers pan sefydlwyd y gwasanaeth, yn breifat yn wreiddiol, yn ystod y 19fed ganrif.

The Holyhead lifeboat speeds out on a mission below South Stack. R.N.L.I. boats from several stations around Anglesey have saved many lives in daring rescues since saving life at sea began privately here during the late 19th century.

Goleuadau Bae Trearddur, a golau lleuad dros ddŵr neilltuol o dawel, yn creu llun atyniadol.

The lights of Trearddur Bay and moonlight over unusually calm water make an attractive picture.

Fferi Stena yn agosáu at oleudy Ynys Lawd. Mae Twr Ellin i'w weld yn sefyll ar y penrhyn ac mae'r golau'n codi petalau'r grug a'r eithin ar Drwyn Mawr.

A Stena ferry approaches South Stack lighthouse. Ellin's Tower perches on the headland and the light picks out the petals of heather and gorse in the foreground at Trwyn Mawr.

Mae machlud haul dros y môr yn gallu bod yn ddramatig. Yma mae haul yn machlud a lleuad newydd yn codi yr un pryd gan gystadlu am ein sylw.

Sunsets over the Irish Sea can be dramatic. Here the sun setting and a new moon rising compete for attention.

Plant yn mwynhau traeth tywodlyd o dan y tŷ cychod sy'n rhan o Barc Arfordir Penrhos. Yn y cefndir mae llong fawr yn dadlwytho alumina i Alwminiwm Môn.

Children enjoy the sandy shore below the boat-house, part of the Penrhos Coastal Park. They are seemingly unaware of the large ship unloading alumina for Anglesey Aluminium at the jetty.

Y *Duke of Gloucester* yn codi stêm wrth adael gorsaf Caergybi gan gludo arbenigwyr trenau yn ôl i Birmingham wedi gwibdaith ar hyd y lein a oedd, ar un adeg, yn dod â'r *Irish Mail* i Gaergybi.

It was 'steam up' as the Duke of Gloucester *left Holyhead station, returning train buffs to Birmingham after an outing along the line which carried the* Irish Mail *in days gone by.*

Mae Mynydd Tŵr yn codi'n uchel uwchben Caergybi ac yn lle arbennig o dda i werthfawrogi gwawrddydd tawel. Smotiau ar y môr yw Ynys y Moelrhoniaid o'r fan hon. Mae'r morglawdd yn troelli ar y dde, a'r goleudy ar ei ben draw yn weladwy. Mae cwch pysgota yn gadael ei ôl yn y bae tawel.

Cymylau tywyll yn crogi'n isel dros y dref a'r harbwr, yn addo diwrnod o law.

Mynydd Twr, Holyhead, rears up behind the town. It makes an ideal vantage point to appreciate a calm sunrise. The Skerries are dots out at sea. The breakwater snakes out at the far right, its lighthouse just visible at the end. A solitary fishing boat leaves a wake in the quiet water of the bay.

Sombre clouds hang low over the town and harbour, auguring a day of rain.

Codiad haul yn goleuo'r cymylau gyda lliwiau cynnes, yn creu cefndir i gopa uchel Mynydd Tŵr.
Adfeilion tŵr o gerrig a adeiladwyd gan y Rhufeiniaid sy'n rhoi ei enw i'r mynydd.

Sunrise tinges the clouds with warm colour, making a backdrop for the high viewpoint at Mynydd Tŵr and the ruins of the tower erected by the Romans which gives the hill its name.

Un diwrnod gadawodd twristiaid Americanaidd eu llong ysblennydd yng Nghaergybi i dderbyn croeso'r dref. Mae'r llong enfawr yn bychanu fferi'r *Swift* wrth iddi gychwyn allan o'r harbwr mewnol ar ei thaith i Ddulyn. Mae'r cychod bach lliwgar yn cludo'r twristiaid yn ôl i'w llety moethus.

Daytime at Holyhead, when American tourists left their luxury liner to receive a welcome in the town. The huge ship dwarfs the Irish Swift as it wends its way out of the inner harbour on its way to Dublin. The small craft ferry the tourists from the town to their luxury accommodation.

Creigiau Porth Gwalch, Rhoscolyn, yn cynnig sialens a chyfle da i ymarfer i'r rhai sydd am fod yn ddringwyr. Maent fel pryfed bach ar yr wynebau serth . . . ond nid oes gan yr hebogiaid ifanc sy'n nythu yno ddiddordeb ynddynt.

The cliffs at Porth Gwalch, Rhoscolyn, offer a challenge and some good practice to would-be climbers who look like moving specks on the sheer rock faces. But young peregrines nesting at the foot of the cliffs are unimpressed.

Cor-rhosyn rhudd fannog i'w weld wrth gerdded llwybr yr arfordir.

Ger Bwa Ddu, uwch Rhoscolyn, mae cofeb i Tyger, y ci a arweiniodd ei feistr i'r lan wedi llongddrylliad mewn môr garw ar Faen Piscar gerllaw. Roedd yr ymdrech yn ormod i'r ci, a bu farw ar ôl cyrraedd y lan. Dyma ei fedd.

Mae maen melin anferth wedi'i adael uwch Bwa Gwyn. Mae'n waddol hen ddiwydiant lleol pan gloddiwyd meini caolinit a'u trin ar gyfer creu porslen.

The spotted rock rose, glimpsed while on a cliff top walk.

On the coastal path at Bwa Ddu above Rhoscolyn is the stone memorial to Tyger, the dog that swam to lead his master to safety when their ship was wrecked on Maen Piscar. Such was the dog's effort in a storm-tossed sea that the brave animal died immediately he reached land. Tyger is buried here.

A huge millstone lies abandoned above Bwa Gwyn. It testifies to a local industry, when caolinit stone was quarried and processed for use in making porcelain.

Wyneb garw craig Bwa Gwyn o lwybr yr arfordir rhwng Rhoscolyn a Bae Trearddur. Cwarts a felspar Caergybi yw'r garreg. Mae'r felspar yn Bwa Gwyn wedi'i erydu, gan adael bwa cwarts.

The fractured surface of rock, Bwa Gwyn (White Bow), seen from the coastal path between Rhoscolyn and Trearddur Bay. The stone hereabouts is Holyhead quartzite and felspar. The felspar at Bwa Gwyn has broken up, leaving an archway of harder quartzite.

Wybren gyffrous, yn llawn lliwiau cry, uwch ynysoedd Maen y Sais ac Ynysoedd y Gwylanod, a'r gorwel wedi'i dorri gan amlinell mynyddoedd Llŷn.

An exciting sky, full of deep colour, above the offshore islands of Maen y Sais (Englishman's Rock) and Ynysoedd y Gwylanod (Islands of the Gulls), the horizon broken by the line of mountains of the Llŷn peninsula.

Yn edrych i'r de o Roscolyn, gyda bythynnod wedi'u gwyngalchu yn frith dros y caeau gwyrddion. Mae'r llygaid yn cael eu tynnu at fynyddoedd Eryri gyda'r Wyddfa yn glir yn y pellter. I'r dde mae'r olygfa yn parhau tua'r gorllewin, dros y tir uchel y tu ôl i Glynnog Fawr, a llwybr y ffordd fawr i Drefor a Phwllheli a thros yr Eifl i Nefyn ac Aberdaron.
. . . a briallu yn forder bach i lwybr yr arfordir yn y gwanwyn.

Looking south from Rhoscolyn to whitewashed cottages dotting green fields. The eye is guided towards the mountains of Eryri with Snowdon (Yr Wyddfa) clear in the distance. To the right the panorama continues west to the high land behind Clynnog Fawr, the valley which takes the road south to Trefor and Pwllheli, and over Yr Eifl to Nefyn and Aberdaron.
   . . . and primroses line the coastal path in spring.

Golwg eang ar Gaergybi, o Lanfwrog gyferbyn â'r harbwr. Mae meysydd gwyrddion blaen y llun yn cyferbynnu â'r dref sy'n ymledu o'r goleudy ar ben y morglawdd at y fferi sy'n paratoi i adael yr harbwr, gyda Mynydd Tŵr yn cadw golwg ar y cyfan.

A wide view of Holyhead, from Llanfwrog opposite the harbour. Green fields in the foreground contrast with the spreading town from the lighthouse at the end of the breakwater to the Irish ferry preparing to leave the harbour, all overlooked by Mynydd Tŵr.

Lliwiau llachar machlud haul yn coroni rhychau bychain ar draeth Porth Tywyn Mawr. Mae'r fferi *Stena HSS* yn anferth yn erbyn y gorwel, ar siwrnai olaf y dydd i Dun Laoghaire.

Vivid sunset hues highlight ripples in the sand of Porth Tywyn Mawr. Stena HSS, huge against the horizon, is on its last journey of the day to Dun Laoghaire.

Machlud haul yn caniatáu i'r golau o Ynys Lawd dorri drwy'r tywyllwch. Mae'r golau yn medru treiddio dros ugain milltir forwrol ar dywydd clir.

A tranquil sunset allows the light from South Stack lighthouse to shine out into the darkening gloom. This light can penetrate over twenty nautical miles in clear weather.

Ynys Cybi a Chaergybi, o Benbrynyreglwys ar draws y Bae, bron wedi'u cuddio gan gymylau isel sy'n addo tywydd stormus.

Holy Island and Holyhead, pictured from Penbrynyreglwys across the bay, are almost hidden as lowering clouds presage stormy weather.

Saif goleudy Ynysoedd y Moelrhoniaid fel gwyliwr dros y sianel rhwng yr ynysoedd a thir mawr Môn. Taniwyd y golau cyntaf – tân mewn basged agored – yn 1717.

The lighthouse on The Skerries stands sentinel over the channel between the islands and mainland Anglesey. The first light, a fire in an open basket, was placed there in 1717.

Mae'r simnai dal, sy'n adfail o hen ddiwydiant, yn nodi tir sydd erbyn hyn yn nwylo'r Ymddiriedolaeth Genedlaethol yn ymyl Mynachdy uwch arfordir gogledd Môn.

Mae dau biler cerrig uchel yno yn ogystal – nodau i'w gweld o'r môr. Mae'r pellter rhyngddynt yn mesur milltir forwrol. Gyda'r wybodaeth hon, mae'n bosibl asesu cyflymder cwch sy'n hwylio rhyngddynt.

Land, for which the National Trust is now responsible, above the north coast by Mynachdy is marked by the tall chimney of old industrial workings.

Stone plinths which can be seen out at sea denote a measured nautical mile, used to calculate the speed of ships passing in and out of Liverpool Bay.

Cwch bach yn gorchfygu'r sianel rhwng yr arwydd ar Ynys Maen y Bugail a thir mawr Môn. O'r fan hon, gellir gweld Ynys Manaw ar ddiwrnod clir.

A small vessel negotiates the channel between the beacon on the island of Maen y Bugail, sometimes called West Mouse, and mainland Anglesey. From here, on a clear day, the Isle of Man can be seen.

Trwyn Cemlyn a Cherrig Brith yn cuddio dan gymylau trymion. Mae storm yn bygwth Bae Cemlyn.

Trwyn Cemlyn and Cerrig Brith lie hidden beneath heavy cloud as a storm threatens over Cemlyn Bay.

Tonnau mawrion yn torri'n wyllt ar hyd traeth Cemlyn, gyda'r tywydd garw ar y môr yn creu llinell wen ar hyd y gorwel.

Heavy breakers thunder along the shore at Cemlyn while rough weather off shore makes a white line of the horizon.

Mae stormydd yn taro arfordir gogledd Môn yn gyson. Yma, yn Hen Borth, mae môr garw yn chwipio'r traeth creigiog ger Trwyn Cemlyn.

The north coast of Anglesey is constantly battered by storms. Here, at Hen Borth, rough water hurls against the rocky shore close to Trwyn Cemlyn.

Muriau cadarn, noeth atomfa'r Wylfa yn llenwi'r gorwel o gwmpas Cemlyn a Chemaes. Mewn gwrthgyferbyniad hollol â hynny, gwerthfawrogwn gynllun lluniaidd y cwch.

The massive, gaunt walls of the Wylfa Magnox Power Station dominate the skyline around Cemlyn and Cemaes. The graceful lines of the small craft are in marked contrast.

Morwennol bigddu ar adain gain, yn dychwelyd â thamaid o frecwast blasus i'r teulu yn y nyth. Mae Gwarchodfa Natur Cemlyn yn awr o dan reolaeth Ymddiriedolaeth Natur Gogledd Cymru sy'n gwarchod nythfa'r morwenoliaid yn ofalus.

A sandwich tern, elegant in flight, makes for the nest with a juicy morsel for the family breakfast. The Cemlyn Nature Reserve is now in the hands of the North Wales Wildlife Trust, who guards its tern colony jealously.

Môr cythryblus yn golchi traeth Cemlyn.

A troubled sea washes the shore at Cemlyn.

Mae stormdraeth a thwmpath gro Cemlyn yn gartref i sawl planhigyn, megis y gludys arfor, y dafolen grych, petrysen arfor a thyfiant mawr o fresych deiliog y môr, fel y gwelir yma.

Cemlyn's storm beach and shingle bar are home to many plants such as sea beet, sea campion, crisped dock and an extensive growth of sea kale, as is seen here.

Mae Cemlyn yn ardal arbennig i'r rhai sy'n gwylio adar. Saif crëyr glas yn osgeiddig ar fin y tonnau, ac mae gwennol y môr yn disgyn i gipio pysgod o'r dŵr.

Cemlyn is a wonderland for bird watchers. A heron stands tall on the edge of the waves, and a common tern swoops to snatch a catch from the water.

Daw amrywiaeth mawr o adar i Gemlyn yn eu tro. Gwylanod, gwenoliaid y môr, cornchwiglod, piod môr, pibyddion coesgoch a sawl math o adar dŵr.

Mae morwennol y Gogledd mor lluniaidd ei ehediad wrth fynd â physgod adref i'r teulu. Cipiodd y camera bioden fôr wyliadwrus yn ogystal.

A wide variety of birds including gulls, terns, plovers, oystercatchers, redshanks and several species of waterfowl come to Cemlyn in season.

An Arctic tern, graceful in flight, takes a fish home to its family. And the camera catches the ever watchful oystercatcher.

Saif goleudy Ynys y Moelrhoniaid yn fawreddog ar y creigiau. Pan fydd cymylau'n bygwth a'r môr yn arw, mae ei bresenoldeb yn rhybudd ac yn gysur i'r morwr sy'n hwylio o gwmpas arfordir creigiog gogledd Môn. Dywedir fod y moroedd o gwmpas gogledd Môn ymysg y rhai mwyaf peryglus ym Mhrydain.

The lighthouse stands majestic on The Skerries. When skies are threatening and the sea turbulent, its presence is both a warning and a comfort to the sailor negotiating this rocky coast of north Anglesey, reputed to be amongst the most dangerous waters around Britain.

Prynodd Tŷ Trinity Ynys y Moelrhoniaid yn 1841 ar gost anferth o £444,984. Gofynnwyd i James Walker, pensaer a pheiriannydd, i atgyweirio'r goleudy. Cynlluniodd ef a'i gwmni o leiaf naw ar hugain o dyrrau o gwmpas Prydain.

After Trinity House bought The Skerries – for the vast sum of £444,984 – they commissioned architect and engineer James Walker to restore the lighthouse. He and his company designed no fewer than twenty-nine towers around the coast of Britain.

Cemaes, yn gysglyd trwy'r gaeaf ond yn brysur yn yr haf, yn cofleidio'r bae prydferth. Yma mae modd ymlacio yng ngwres yr haul tra bod awyren anweledig yn gadael llinell wen ar draws yr wybren.

Cemaes, sleepy in winter but busy in summer, spreads out around its attractive bay. Here the atmosphere is relaxed in the sunshine while an unseen aircraft leaves a vapour trail signature in the sky.

Yma, prin bod ton fechan yn aflonyddu'r dŵr. Mae cychod bychain yn siglo'n ddiog a morwr ar ei ffordd adref wedi taflu rhaffau yn ddiofal ar y cei. Mae'r harbwr yn gorffwys.

Hardly a ripple disturbs the water in Cemaes Bay. Boats rock gently in the slow swell; a homeward-bound boatman has thrown ropes carelessly on the quayside. The harbour takes a siesta.

Eglwys hynafol Llanbadrig yn glynu wrth greigiau'r môr. Fel mae'r chwedl yn awgrymu, cafodd Sant Padrig ei achub o longddrylliad ar ei ffordd o Iwerddon. I ddiolch am ei achubiaeth, cododd gell yma yn 440 OC. Mae'r eglwys bresennol yn dyddio o'r 14eg ganrif. Dyma un o'r safleoedd eglwysig hynaf yng Nghymru.

The ancient church of Llanbadrig clings to the cliff top. Saint Patrick, so the legend goes, was shipwrecked here but made his way to land safely and, in gratitude for deliverance, founded a cell around AD 440. The church seen today dates from the 14th century and this is one of the oldest ecclesiastical sites in Wales.

Cychod pleser yn llenwi'r harbwr yng Nghemaes.

Small pleasure boats find safe anchorage at Cemaes.

Mynydd Bodafon uwchben Brynrefail a Maenaddwyn. Dyma rai o greigiau hyna'r blaned. Mae'n safle ardderchog i weld holl ogoniant mynyddoedd Eryri ar draws y Fenai (er bod yr afon ei hun yn guddiedig yn y llun hwn). O Benmaen-bach i'r Carneddi a Thryfan, mae'r olygfa yn un eang.

Mynydd Bodafon, rising above Brynrefail and Maenaddwyn, is formed of some of the oldest rock on the planet. It is a fine viewpoint from which to admire the spread of the mountains of Gwynedd across the Menai Strait, which is hidden in this picture. From Penmaen-bach to Tryfan and the Carneddau, the view is expansive.

O Fynydd Bodafon, gwelir copa'r Wyddfa i'r gorllewin o Fwlch Llanberis, gyda mynyddoedd Llŷn yn cwblhau'r panorama. Tir amaethyddol gyda phoblogaeth wasgaredig sydd wrth droed Mynydd Bodafon.

From Mynydd Bodafon the peak of Yr Wyddfa (Snowdon) can be seen to the west of the gap of the Llanberis Pass and the rolling hills of Llŷn complete the panorama. The countryside below Mynydd Bodafon is sparsely populated farmland.

Gwelir adfeilion melin wynt fel nod tir ar ben Mynydd Parys. Mae'n sefyll uwchben yr hen waith copr. O'r fan hon, ceir golygfa gyflawn o fynyddoedd Arfon a gwelir y rhan fwyaf o dir Môn yn ogystal.

A landmark for miles around, the ruined industrial windmill stands above the disused copper mine workings of Mynydd Parys. From here there is an unbroken view of the mainland mountains and most of Anglesey.

Gwelir lliwiau llachar pan fydd yr haul yn tywynnu. Ar un adeg Mynydd Parys oedd y mwynglawdd copr mwyaf yn y byd, yn cyflogi cannoedd. Erbyn heddiw, mae'n ddistaw yma ond mae'n safle archeolegol diwydiannol o bwys o hyd. Bydd gwaith yn digwydd yma yn achlysurol – chwilio am fwynau a fuasai'n talu i'w cloddio. Heddiw mae'n lle unig, a'r awyrgylch yn un y gellir ei deimlo.

Colour runs riot when the sun shines on Mynydd Parys. Once the largest copper mine in the world, employing hundreds of men and women, it now remains silent, a site of industrial archaeology, although attempts are made frequently to find minerals which would prove financially viable. Today, it is a lonely place with a palpable atmosphere.

Golau gwahanol a phwyslais gwahanol ar y lliwiau. Cynhyrchid copr o'r pwll anferth i orchuddio gwaelodion llongau'r llynges yn ystod blynyddoedd olaf y 18fed ganrif a dechrau'r 19 eg Gwnaed ffortiwn gan rai, ond dim ond ceiniogau prin oedd gan y gweithwyr oedd yn byw yn slymiau Amlwch.

A different light, a different colour accent. The vast mine produced copper to bottom naval ships during the late 18th and early 19th centuries, making fortunes for some Anglesey families, but bringing degradation to those forced to live in the slums of Amlwch.

Ar un adeg, cronnodd dŵr mewn hafn fawr yn y mynydd. Ond bu raid ei wagio yn ddiweddarach rhag iddo orlifo a llygru nentydd Amlwch gerllaw.

The great chasm in the mountain once held water, which had to be pumped away as leakage threatened pollution and even flooding in the nearby town of Amlwch.

Y pyllau dŵr glaw islaw copa Mynydd Parys yn adlewyrchu wybren las, ddi-gwmwl.

The precipitation pools below the summit of Mynydd Parys reflect a cloudless blue sky.

Cymylau bygythiol yn crynhoi dros Foelfre a Bae Lerpwl, a cherflun Dic Evans, llywiwr bad achub Moelfre, yn eu gwylio.

Ominous clouds gather over Liverpool Bay at Moelfre, where the memorial statue to Dick Evans, the legendary coxswain of the Moelfre lifeboat, keeps watch.

Mae'r cerflun grymus yn ein hatgoffa o'r peryglon a wynebai criwiau'r badau achub ac yn deyrnged briodol i ddyn anghyffredin o ddewr.

The rugged memorial reminds the onlooker of the dangers met by the lifeboat service and is a fitting tribute to a man whose courage at sea knew no bounds.

Moelfre yn cofleidio'i chilfach fechan o fôr.

Moelfre hugs the shore of its tiny bay.

I'r rhai sy'n dringo'r llwybr i fyny trwy'r eithin a'r rhedyn i ben Mynydd Llwydiarth, y wobr yw golygfa odidog o Draeth Coch, gyda'i wlâu tywod llydan, a milltiroedd o dir amaethyddol ar draws Môn tuag at Mynydd Twr, Caergybi yn y pellter. Pan ddaw'r llanw i mewn, mae Traeth Coch yn lle cwbl wahanol. Benllech sy'n gorwedd ar yr arfordir draw yng nghanol y llun gyda Moelfre y tu draw iddo ac yna gogledd yr ynys at Drwyn Eilian.

Those who take the path through the gorse and bracken to the top of Mynydd Llwydiarth are rewarded with a superb picture of Traeth Coch (Red Wharf Bay) with its wide stretch of sand and miles of gentle farming country extending across Anglesey to Mynydd Tŵr at Holyhead, faint in the far distance. When the tide rolls in Traeth Coch is transformed. Benllech is in the middle distance, Moelfre beyond, and onwards to Trwyn Eilian (Point Lynas).

Ffigyrau matsys yn cerdded yn hamddenol ar Draeth Coch, yn mwynhau'r olygfa ar draws y bae at Landdona.

Matchstick figures saunter on the beach at Traeth Coch, enjoying the view across the bay to Llanddona.

Rhagor o ffigyrau matsys. Trodd y camera tua'r tir ac edrych at Bentraeth. Mae cychod bychain yn sefyll yn llonydd a sych ar y tywod ar y trai.

More matchstick figures. The camera turned to look inland towards Pentraeth. Small craft are high and dry after the receding tide.

Gwymon, creigiau, tywod, y llanw ar drai a gorwel gwag. Dyma Fae Lerpwl yn ddistaw, llonydd, wrth edrych allan o Draeth Coch.

Seaweed, rocks, sand, receding tide and an empty horizon. This is Liverpool Bay at its quietest, seen from Traeth Coch.

Arfordir Llanddona. Erstalwm, yn ôl y chwedl, glaniodd cwch yn llawn smyglwyr a gwrachod yma gan godi dychryn ar drigolion y pentref. Ond, yn nes at ein dyddiau ni, dyma safle lle gwelwyd awyren gynnar yn hedfan. Adeiladodd William Ellis Williams awyren o onnen a bambŵ. Bu'r daith awyr gyntaf yn 1913, gan gyrraedd uchder o saith troedfedd a chyflymdra o 37 filltir yr awr. Mae cofeb ar y traeth yn adrodd yr hanes.

The Llanddona coastline where, legend has it, a boat-load of smugglers and witches once landed and struck fear into those living in Llanddona. More realistically, an early air flight took place on the shore. William Ellis Williams built himself an aircraft of ash and bamboo. He first flew it in 1913 when he achieved a height of seven feet, flying at thirty seven miles per hour. A plaque on the Llanddona shore commemorates the event.

Biwmares, tref sy'n atynfa fawr i ymwelwyr, yn gorwedd yn gyfforddus ar lannau Menai, gyferbyn â chadwyn urddasol o fynyddoedd Eryri. 'Aros mae'r mynyddau mawr' – ond maent yn edrych yn wahanol bob tro bydd y golau'n newid.

Beaumaris, beloved of tourists, lies comfortably on the shore of the Menai Strait, opposite a breathtaking panorama of mountain scenery whose appearance changes with the ever-shifting light.

Castell Biwmares – y gwaith yn anorffenedig, ond mae grym y meini yn tra-arglwyddiaethu dros yr hen dref.

Beaumaris Castle, unfinished, yet with a definite majesty, dominates the old town.

Datblygiad y 19eg ganrif – tai trefol Teras Fictoria yn edrych dros y Marian ac at Afon Menai. Cynlluniwyd y teras gan John Hansom (cynllunydd yr Hansom Cab). Adeiladwyd y tai a'r gwesty cyfagos ar ddarn o dir lle bu hen garchar Biwmares cyn i'r carchar newydd agor yn 1829.

The 19th century development of town houses, Victoria Terrace, in Beaumaris, looks out across The Green to the Strait. Designed by John Hansom (of Hansom Cab fame) the terrace and the hotel next to it occupied the site of the old town gaol when the new gaol was opened in 1829.

Mur a thyrrau isel Castell Biwmares, un o gadwyn o amddiffynfeydd Edward I ar hyd arfordir gogledd Cymru, yn dal fflach gwawr aeafol. Arwydd o fethiant y brenin hwnnw i dorri ysbryd y Cymry yw'r cestyll cydnerth, costus hyn erbyn heddiw.

The low towers and wall of Beaumaris Castle, one of Edward I's string of fortifications along the northern coast of Wales, catch a glint of early morning winter sun. These bulky, costly castles are a symbol to us today of that king's failure to break the spirit of the Welsh nation.

Breuddwyd i ffotograffydd mynyddig – golygfa ar draws Afon Menai.

The view across the Menai Strait is the mountain photographer's dream.

Un o strydoedd cul Biwmares gyda hen bensaernïaeth yn cael ei datblygu'n chwaethus mewn ardal gadwraeth.

One of Beaumaris's small streets shows modern development of older architecture within a conservation area.

Ar draws y caeau i'r dwyrain o Fiwmares, mae'r dref i'w gweld yn gasgliad cryno y tu draw i ochr ddwyreiniol muriau'r castell. Ond mae datblygiad ddiweddarach hefyd – gwelir stad Cae Mair yn dringo'r allt ar ochr orllewinol y dref.

Across the fields east of Beaumaris the town seems huddled and compact on the castle's eastern flank. But there is a newer development – the Cae Mair housing estate climbs the hill on the western side.

115

Ers y 14eg ganrif, mae addoldy wedi bod ar safle eglwys bresennol Santes Fair a Sant Nicolas. Ailadeiladwyd hi yn 1500. Y tu mewn, mae cofebau cywrain, seddau wedi'u cerfio a ffenestri gwydr lliwgar a chain, ac arch faen Siwan, gwraig Llywelyn Fawr.

Since the 14th century there has been a church on the site of the present parish church of St Mary and St Nicholas. Rebuilding took place in 1500. Inside there are carved misericords, fine stained glass, interesting memorials, and the stone coffin of Princess Joan, the royal wife of Llywelyn Fawr.

Pe bai ganddynt y ddawn i siarad, buasai muriau cadarn castell Biwmares, a adeiladwyd yn 1295, yn medru adrodd hanesion difyr. Dyma'r castell mwyaf cywrain ei gynllun yng ngwledydd Prydain. Cyflogwyd 400 o seiri maen, 2000 o lafurwyr cyffredin a 30 o ofaint a seiri coed at y gwaith.

The impregnable walls of Beaumaris castle, built in 1295, could tell many a tale. The castle is the most symetrically concentrically designed castle in Britain. 400 masons, 2000 labourers, 30 smiths and carpenters were employed in the building.

Saif enghreifftiau o gartrefi o bob canrif yn nhref Biwmares. Mae pensaernïaeth y gwahanol gyfnodau yn cyd-fyw yn hapus yno. Dyma'r tŷ hynaf – mae i'w weld ar Stryd y Castell ac mae'n destun siarad a rhyfeddod i'r ymwelwyr.

There are examples of domestic architecture from throughout the centuries in Beaumaris, all seeming to merge happily together. This, the oldest house in the town, is on Castle Street and is always of interest to visitors.

Yr hen ysgol, Biwmares. Mae'r simneiau wedi'u haddurno gydag erials teledu erbyn hyn. Mae'r ysgol newydd yn awr ar gyrion y dref. Mae simnai dal y carchar, a godwyd yn 1829 yn Lôn y Clochdy ond sydd heddiw yn amgueddfa, i'w gweld y tu ôl iddi.

The old school in Beaumaris, its chimneys now adorned with television aerials, has long been superseded by a modern school on the edge of the town. The tall chimney behind is that of the 1829 gaol in Steeple Lane.

Mae'r haf wedi cyrraedd – a'r twristiaid hefyd. Mae pier Biwmares yn cynnig cyfle i ymlacio yn yr haul . . . neu i wylio plant yn pysgota am grancod yn y dŵr islaw . . . neu i fynd am dro hamddenol trwy'r farchnad sydd wedi'i haddurno â blodau.

Summer has arrived and so have the tourists. Beaumaris pier offers quiet relaxation in the sunshine . . . or the fascination of watching children fishing for crabs in the water below . . . or maybe a saunter through the flower-bedecked market place.

Sgwâr wrth y Llys, llecyn cyfarfod i'r hen a'r ifanc. Mae bandiau yn perfformio yma weithiau, a gwelir dawnsio gwerin yn achlysurol hefyd. Ac mae cyfle, o dro i dro, i'r ymwelwyr nad ydynt mor ifanc bellach, ddangos eu dawn wrth ddawnsio – a hynny heb swildod.

Beaumaris Square outside the Court House is a mecca for young and old. Bands play at weekends and occasionally there may be folk dancing. There is even an opportunity for two not-so-young visitors to show their prowess on the dance floor – with no inhibitions.

Bythynnod ym Mhenmon, pendraw dwyreiniol Môn, sy'n derbyn bryntni pob tywydd blin. Mae'r sianel gul rhwng Trwyn Penmon ac Ynys Seiriol yn beryglus i longau a chychod gan fod y ceryntoedd mor gryf. Hyd 1915, bu safle bad achub yma ond mae'r cwt bellach ym Miwmares.

Cottages at Penmon, on the eastern tip of Anglesey, bear the brunt of all weathers. The narrow channel between Trwyn Penmon and Ynys Seiriol (Puffin Island) is dangerous to shipping because of the strong currents. Until 1915 there was a lifeboat station here but the service is now operated from Beaumaris.

Awyr glir yn caniatáu golygfa hardd i'r dwyrain o Benmon, gyda'r golau môr ar Graig y Draenogiad yn amlwg yn y sianel a Phen y Gogarth, Llandudno, yn y pellter. Cynheuwyd y golau cyntaf yng ngoleudy Penmon, neu Trwyn Du fel y'i gelwir gan Tŷ Trinity, yn 1838. Erbyn heddiw, pŵer yr haul sy'n cael ei ddefnyddio i'w oleuo.

Clear air allows a long view east of Penmon, the beacon on Perch Rock standing proud in the channel against the Llandudno skyline of the Great Orme. Penmon lighthouse, or Trwyn Du as Trinity House prefers to call it, first showed a light in 1838. It is now operated by solar power.

Mae Pont y Borth, a gynlluniwyd gan Thomas Telford a'i hagor yn 1826, yn atyniad a her i'r ffotograffydd pan fo lliwiau gaeafol y mynyddoedd yn y cefndir.

Thomas Telford's Menai suspension bridge, opened in 1826, has a special attraction to a photographer when winter snow covers the mountains behind.

Coed duon, afon lwyd ac wybren oer yn gwrthgyferbynu â phrydferthwch yr eira mynydd. Lle gwell i weld y prydferthwch na'r gilfach yma ger yr A5 rhwng Porthaethwy a Llanfairpwll.

Dark woods, grey water and a cold sky contrast sharply with the beauty of mountain snow. What better vantage point than the lay-by on the A5 road between Porthaethwy and Llanfairpwll.

Un o'r eglwysi ynysig – eglwys Sant Tysilio, Porthaethwy a adeiladwyd ar safle cell y sant, mae'n debyg, tua 630 OC. Mae'r eglwys bresennol yn dyddio'n ôl i'r 15fed ganrif. Mae Pont Britannia dros Afon Menai i'w gweld y tu draw i'r fynwent. Rhoddwyd y ffordd uwchlaw'r rheilffordd wrth ailadeiladu'r bont ar ôl y tân a ddinistriodd y rheilffordd yn yr hen diwbiau haearn.

One of Anglesey's island churches – Saint Tysilio at Porthaethwy (Menai Bridge) – was built on the site of a cell founded by the saint, probably in AD 630. The present building dates from the 15th century. Beyond the graveyard the Britannia Bridge crosses the Strait, now with rail below and road above since the fire of the 1970s destroyed the iron tubes carrying the railway.

Porthaethwy, lle mae llanw o'r naill ochr a'r llall – o'r dwyrain ac o'r gorllewin – yn cyfarfod. Cyn adeiladu'r pontydd, dyma'r fan lle byddai'r porthmyn yn arfer nofio'r gwartheg drosodd i'r tir mawr ar eu ffordd i farchnadoedd y gororau. Bu marchnad wartheg lewyrchus iawn yma, ac ambell ffair geffylau bwysig. Erbyn heddiw, marchnad stryd yn unig yw Ffair y Borth a gynhelir bob mis Hydref.

Porthaethwy, where tides flowing from east and west meet in the Strait. Before the bridges were built this was the crossing place for drovers to swim their cattle to the mainland on their way to the English markets. There was also a flourishing cattle market here. Now 'Ffair y Borth' (Menai Bridge Fair) is a shadow of its former self, being a street market only.

BRANCH	DATE
TS	10/06